글 이기규

초등학교에서 어린이들을 가르치는 선생님이자, 어린이 교양서부터 동화까지 다양한 글을 쓰는 작가입니다. 이 순간에도 어린이들이 읽으면 통쾌하고, 어른들이 읽으면 심장이 뜨끔한 책이 최고의 어린이책이란 믿음으로 열심히 글을 쓰고 있습니다.

지은 책으로《알잖아! 플라스틱을 왜 줄여야 하는지》,《어느 날 우리 집에 우주 고양이가 도착했다》,《용 튀김》,《고래 엄마에게 소화제가 필요해》,《장자 아저씨네 미용실》,《내 동생은 고양이가 아니야》,《인권 논쟁》,《학교 잘 다니는 법》,《내가 하고 싶은 일, 교사》,《모두가 반대하고 외면해도 나는 찬성!》,《모두가 옳다고 하면 옳은 걸까? 나는 반대!》 등이 있습니다.

그림 김창호

만화가 이태호, 권가야 선생님 문하로 만화의 세계로 들어왔습니다. 방송통신대학교에서 미디어 영상학을 공부하였으며, 2006년〈아이세움 코믹스-과학 상식 시리즈〉로 데뷔 후 다양한 학습만화와 삽화 작업을 해 오고 있습니다. 청소년수련관에서 만화, 일러스트 강사로도 활동하였습니다.

그린 책으로《알잖아! 플라스틱을 왜 줄여야 하는지》가 있습니다.

책 도깨비에게 뚝딱 배우는 문해력 어휘편

글 이기규 | 그림 김창호

작가의 말

"선생님! 3번 문제에서 '상황'이 무슨 뜻이에요?"
학교에서 시험 보는 중간에도 학생들의 질문은 이어집니다. 답을 물어보는 거냐고요? 아닙니다. 문제 속 단어의 뜻을 잘 모르기 때문에 손을 든 것입니다. 단어의 뜻을 모르니 문제가 무엇을 묻는지 알 수 없었고, 결국 문제를 푸는 것조차 불가능했기 때문입니다. 안타깝게도 이런 모습은 교실 대부분에서 일어나고 있습니다.

학생들은 단어의 뜻을 모르니 글을 읽어도 무슨 뜻인지 이해하지 못하고, 결국 공부에도 흥미를 잃게 됩니다. 이러한 아이들에게 가장 시급하게 필요한 것은 바로 문해력을 키워 주는 것입니다. 문해력은 글을 읽고 이해하는 능력입니다. 문해력이 없으면 책을 읽으면서도 그 내용을 이해하기 어렵고, 공부를 많이 해도 제대로 지식을 얻을 수 없습니다. 때문에 문해력이 없는 아이들은 독서의 즐거움도 배움의 즐거움도 느끼지 못하게 된다니 정말 안타까운 일이 아닐 수 없습니다.

이 책은 문해력을 높이고 싶은 여러분을 위해 쓰였습니다. 이 책을 통해 여러분이 글 읽기를 두려워하지 않고 용기를 가질 기회를 얻기를 바랍니다. 또 이 책의 주인공 한결이와 책 도깨비 다온이처럼 포기하지 않고 단어의 의미를 끝까지 이해하려고 노력하길 바랍니다.

어때요, 즐겁고 신나게 문해력을 높이는 여행을 떠날 준비가 되었나요?

이기규

차례

도무지 모르겠다, 모르겠어 ···10

문해력이 문제라고? ···24

제대로 책 읽기부터 시작해 ···34

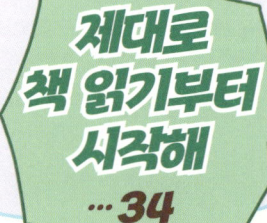

"서한결!"

선생님이 부르는 소리에 한결이는 쭈뼛거리며 일어났어요. 선생님은 한결이 이름밖에 부르지 않으셨지만, 선생님의 작은 한숨 소리와 한결이를 바라보는 눈빛만 봐도 한결이는 알 수 있었어요. 이번 국어 시험도 망친 게 뻔했어요.

"열심히 하자."

선생님이 시험지를 주시며 조용히 말씀하셨어요.

"네……."

한결이는 풀죽은 목소리로 대답했어요. 한결이도 시험을 잘 보고 싶어요. 하지만 어떻게 공부해야 할지 뾰족한 방법이 떠오르지 않았지요.

"서한결, 이번에 절반은 맞았냐?"

정태가 실망한 표정의 한결이를 놀려대며 말했어요.

"흥, 그런 넌 뭐 잘 봤냐?"

한결이는 자신과 비슷한 실력인 정태가 놀려대니 화가 났어요.

"이번 시험, 난 60점 넘었거든! 넌 60점도 안 되지?"

"60점……."

정태의 놀림에 화가 났지만, 한결이는 더 이상 대꾸를 할 수 없었어요. 한결이의 국어 시험 점수는 누가 봐도 형편없었거든요.

'어떻게 하면 시험을 잘 볼 수 있지?'

이런 날이면 한결이의 머릿속은 이 질문으로 종일 가득 차 있었어요. 하지만 그 답을 찾을 수는 없었지요. 그렇다고 한결이가 아무것도 하지 않은 건 아니에요.

"눈을 크게 부릅뜨고 선생님 말씀을 한마디도 놓치지 않아야 해!"

학기 초에 엄마가 호랑이처럼 큰 눈을 더욱 크게 뜨며 시범을 보였지요. 그래서 한결이는 엄마를 따라 부릅뜬 눈을 절대 감지 않으려 노력하며 선생님께 집중했어요.

하지만 국어 시험 결과처럼 선생님 말씀을 아무리 집중해서 들어도 소용없었어요. 무슨 이야기를 하는지 도무지 이해되지 않았거든요.

한번은 고민하는 한결이에게 선생님께서 말씀하셨어요.

"한결아, 책을 많이 읽어 보렴. 그러면 국어 공부를 잘할 수 있을 거야."

선생님의 말씀에 당장 도서실에서 잔뜩 책을 빌려 왔지만, 한결이는 책 한 쪽을 다 읽기도 전에 금세 졸음이 쏟아졌어요. 그건 한결이 잘못만은 아니었어요. 어려운 단어에 무슨 내용인지도 모를 이야기만 잔뜩 나오니 억지로 읽어도 재미도 없고 남는 것도 없었지요.

사회 시간엔 더 심각했어요. 조사 숙제가 있으면 인터넷으로 검색한 내용을 그대로 옮겨 적기만 했어요. 그러니 당연히 무슨 내용인지 잘 알지 못했지요.

지난번에도 그대로 옮겨 적은 걸 발표하고 있었어요.

"우리나라 국토는 동경 124도에 위치합니다."

"서한결! 그런데 동경이 뭐야?"

친구의 질문에 한결이는 아무 대답도 못 하고 그대로 서 있었어요. 보다 못한 짝꿍 수연이가 교과서를 손으로 가리켜 알려 주었지만, 소용없었어요.

"도, 동경은…… 우리나라와 매우 가깝습니다."

한결이의 대답에 아이들이 웃음을 터뜨렸어요.

"한결아, 조사 제대로 한 거 맞니?"

선생님의 질문에 한결이는 얼굴이 새빨개졌어요.

'그래도 수학은 자신 있어요!'

한결이는 이렇게 말하고 싶었지만, 현실은 달랐어요. 계산은 손쉽게 했지만, 문장이 긴 문제는 대부분 틀렸어요. 글을 제대로 읽고 이해만 했다면 쉽게 풀 수 있는 문제였는데도 말이에요.

"후유……. 이번 시험도 망쳤어, 엄마."

집에 돌아온 한결이가 국어 시험지를 엄마에게 보여 주며 한숨을 푹 쉬었어요. 엄마도 한결이의 시험지를 보며 한숨을 쉬었지요.

"어제 밤늦게까지 공부했잖아. 그런데 시험 점수가 왜 이렇게밖에 안 나올까……."

"모르겠어. 시험지를 읽어도 뭘 하라는지 도무지 모르겠는걸. 아무래도 난 멍청이가 분명해."

한결이가 고개를 푹 숙였어요. 그때 엄마가 주먹으로 식탁을 탁 쳤어요.

"절대 그럴 리가 없어. 우리 한결이가 얼마나 똑똑한데! 엄마, 아빠를 닮았다면 절대 머리가 나쁘지 않아."

"그럼, 할아버지를 닮았나 보지."

한결이가 볼멘소리를 했어요.

"말도 안 돼. 돌아가신 할아버지가 마을에서 천재로 불리셨던 거, 너 기억 안 나? 할아버지 서재에 있는 수많은 책, 너도 알지? 그 모든 책을 할아버지는 다 읽으셨다고."

한결이는 우울한 목소리로 말했어요.

"그럼 나는 왜 그래? 엄마, 아빠도 머리가 좋고 할아버지는 천재셨다는데, 나는 왜 시험 문제 하나도 제대로 못 봐? 나 어떡해……."

한결이의 눈에 벌써 눈물이 그렁그렁 달렸어요. 그 모습을 본 엄마가 무언가를 결심한 듯 한결이의 두 손을 꼭 잡았어요.

"걱정하지 마, 한결아. 넌 지금 공부 방법을 모를 뿐이야. 분명 해결 방법이 있을 거야."

"엄마, 그 해결 방법이 뭐야? 나 꼭 알고 싶어."

그때 엄마의 눈빛이 빛났어요.

"그래! 할아버지 서재에 가 보면 어떨까? 할아버지는 해결해야 할 문제가 있을 땐 온종일 서재에서 나오지 않으셨어. 서재에 가면 분명 한결이가 원하는 공부 방법을 찾아낼 수 있을 거야."

"할아버지 서재? 정말 거기 가면 공부 방법을 찾을 수 있을까?"

한결이가 고개를 갸웃거리자, 엄마가 한결이의 등을 떠밀며 말했어요.

"찾을지 못 찾을지는 해 봐야 아는 거잖아? 자! 우리 아들 서한결! 지금 바로 가 보자!"

"지금……."

오랜만에 들어온 할아버지 서재에서는 낡은 책 냄새가 났어요. 한결이는 이 냄새를 좋아했지만, 지금은 서재에 들어가지 않아요. 서재에 들어가면 할아버지 생각이 나고 괜히 슬퍼지기 때문이에요.

할아버지가 돌아가신 지 3년이 넘었지만, 한결이는 할아버지 목소리와 인자한 미소가 모두 생각나요. 할아버지는 언제나 한결이 편이었고, 척척박사였어요. 그래서 한결이가 물어보면 뭐든지 대답해 주었지요.

한결이가 장난을 치다 서재의 책을 넘어뜨렸을 때도 할아버지는 야단을 치시기는커녕 "우리 손주 다치지 않았니?" 하고 먼저 한결이를 걱정해 주셨어요. 그래서 엄마나 아빠가 야단치실 때면 한결이는 할아버지 서재로 도망쳤어요.

그럴 때마다 할아버지는 언제나 한결이의 든든한 방패가 되었지요. 하지만 지금은 할아버지를 더 이상 볼 수 없어요. 할아버지 서재엔 할아버지 대신 낡은 의자 하나만 덩그러니 놓여 있었어요.

"할아버지라면 이런 건 단번에 해결해 줄 텐데……."

할아버지를 생각하니 한결인 괜히 눈시울이 붉어졌어요. 한결이는 소매로 눈물을 쓱 훔치고 괜히 큰 목소리로 말을 하기 시작했어요.

"엄마는 도대체 여기서 뭘 찾으라는 거지? 여기 있는 책을 읽으면 진짜 공부를 잘할 수 있게 되는 걸까?"

그때였어요. 서재를 이리저리 둘러보던 한결이의 눈에 가장 크고 낡은 책 한 권이 보였어요. 그 책에는 '사유의 철학'이라는 글씨가 적혀 있었어요. 제목만큼이나 어려운 책이 분명했어요. 한결이는 호기심이 생겨 낑낑대며 그 책을 꺼냈어요. 그리고 간신히 책장을 넘겼지만, 첫 문장부터 어려운 말이 쓰여 있었지요.

한결이는 머리가 어지러웠어요. 이 책은 분명 무거운 만큼 어려운 책인 것이 틀림없었어요.

"이건 읽어도 무슨 말인지 하나도 모르겠다. 이런 책을 읽으면 도움이 된다고? 엄마 말을 믿은 내가 바보지."

한결이가 그 책을 다시 책장에 꽂아 놓으려고 낑낑대며 책을 들어올렸어요. 그때였어요.

'쓰윽! 쓰윽! 차라락!'

"뭐, 뭐야!"

이상한 소리에 한결이는 깜짝 놀라 주변을 두리번거렸어요. 하지만 서재에는 아무도 보이지 않았어요. 당연하죠. 집에는 지금 한결이뿐이니까요. 그런데…….

'쓰윽! 쓰윽! 차라락!'

"엄마야!"

한결이는 깜짝 놀라 커다란 책을 떨어뜨리고 말았어요. 그런데 쿵 소리와 함께 이상한 소리가 들렸어요.

"아이고!"

"뭐, 뭐야! 누, 누구야?"

한결이는 서재가 떠나가도록 소릴 질렀어요. 다행히 더 이상 아무 소리도 들리지 않았어요.

"여긴 아무것도 없어. 이제 나, 나가야겠어."

한결이가 이렇게 말하며 떨어뜨린 책을 다시 들어올리려고 했어요. 그런데 이게 웬일이에요? 떨어뜨린 책이 바닥에 붙은 것처럼 꼼짝하지 않는 거예요. 그때 한결이의 머릿속에 할아버지가 예전에 해 주셨던 이야기가 떠올랐어요.

"서재에서 책 넘기는 소리가 나면, 그 녀석이 숨어 있다는 소리야."

할아버지가 무서운 표정으로 말씀하셨어요.

"차라락! 책 넘기는 소리가 들리면 주위를 살펴봐. 분명 세상에서 가장 무거운 책을 찾을 수 있을 거야. 그런데 그건 사실 책이 아니야. 바로 그 녀석이 둔갑한 거지."

"할아버지, 그 녀석이 누군데?"

한결이가 무서워서 할아버지 품을 파고들었을 때 할아버지는 이렇게 말씀하셨어요.

"그 녀석이 바로 책 도깨비란다."

할아버지의 이야기가 번뜩 떠오른 한결이는 화들짝 놀라 책에서 손을 뗐어요. 정말 이 책은 책 도깨비가 둔갑한 걸까요?

"말도 안 돼! 도깨비가 세상에 어딨어?"

말은 이렇게 했지만, 한결이는 겁이 잔뜩 들었어요. 그래서 다시 손을 대진 못하고 발로 툭툭 책을 건드렸지요. 책은 고요하기만 했어요.

"그것 봐. 이 세상에 도깨비는 없어."

한결이는 용기를 내서 다시 두 손으로 책을 잡아 번쩍 들어올렸어요. 그때였어요.

'껌뻑!'

책의 겉표지 부분이 눈꺼풀처럼 젖혀지더니 커다랗고 새까만 검은 눈동자가 나타났어요! 그리고 두툼한 입술도 생겼어요.

"없긴 왜 없어. 바로 여기 있는데!"

"엄마야!"

한결이는 깜짝 놀라 뒤로 넘어지고 말았어요.

"깔깔깔! 넌 정말 겁이 많구나!"

서재 가득 개구쟁이 남자아이의 목소리가 울려 퍼졌어요. 한결이는 살짝 눈을 떴어요. 그러자 눈앞에 있던 커다란 책은 온데간데없고 빨간색 머리에 파란색 멜빵 바지를 입은 도깨비가 보였어요. 까무잡잡한 피부에 얼굴 가득 난 주근깨 그리고 빙글빙글 웃는 모습은 꼭 장난기 많은 꼬마의 모습 같았어요.

"너……, 너는!"

"맞아. 나는 책 도깨비야. 넌 그 할배 손자 한결이 맞지?"

한결이는 겁먹은 얼굴로 고개를 끄덕였어요.

"아주 조그마할 때나 지금이나 넌 그대로구나! 넌 할배가 네 걱정을 얼마나 많이 했는지 아니?"

"하, 할아버지가 내 걱정을 했다고?"

"그래. '우리 손주 항상 행복해야 하는데' 하고 말이야."

"마, 말도 안 돼. 우리 할아버지가 너 같은 꼬마 녀석 앞에서 내 걱정을 하셨을 리 없어."

한결이가 용기를 내서 말했어요.

"꼬마라니! 난 날 꼬마라고 부르는 게 제일 싫어!"

책 도깨비가 화가 나서 이리저리 뛰어다녔어요. 그 모습이 영락없이 엄마에게 투정하는 꼬마 아이같았지만 그냥 두었다가는 집이 모두 무너질 것 같았어요.

"제발 그만! 다시는 꼬마라고 하지 않을게."

"진작 그럴 것이지. 자, 얼른 일어나."

책 도깨비가 손을 내밀었어요. 한결이는 잠시 망설이다가 책 도깨비의 손을 잡고 몸을 일으켰어요.

"난 책 도깨비 다온이야. 나이는 1,350살이 넘었지."

한결이는 다온이의 모습을 다시 한번 훑어보더니 눈이 동그래졌어요.

"그, 그래? 근데 넌 왜 내 앞에 나타난 거야?"

한결이가 다온이의 눈치를 살피며 말했어요.

"나타난 게 아니야. 난 원래부터 할배 서재에 살고 있었어. 그러니까 정확히 말하면 네가 와서 날 부른 거지."

다온이의 말에 한결이는 고개를 갸웃거렸어요.

"내가 널 불렀다고?"

"맞아, 난 10년 전에 할배랑 약속했거든. 한결이 네가 서재에 와서 무언가 도움을 청하면 내가 나타나서 도와주기로 말이야. 그런데 오늘 네가 서재에 왔잖아. 그러니까 네가 날 부른 거지."

다온이가 어깨를 으쓱했어요. 할아버지가 한결이를 위해 책 도깨비와 약속했다니 그것도 10년 전에 말이에요.

'고마워요! 할아버지!'

한결이는 할아버지가 너무 보고 싶어졌어요. 눈물이 또 왈칵 쏟아질 것 같았지요.

"이봐! 나도 바쁜 도깨비라고. 냉큼 고민을 말해 봐!"

다온이가 한결이의 이마를 콕 누르며 말했어요. 그 바람에 눈물도 쏙 들어가 버렸어요.

"난 공부를 잘하고 싶어. 그런데 시험을 봐도 책을 읽어도 무슨 말인지 도통 모르겠어."

"아, 알았어. 그럼 난 어떻게 하면 되는 거야?"

한결이의 물음에 다온이는 빙글빙글 웃으며 말했어요.

"아주아주 간단해. 네 문제는 말이야……."

다온이가 팔을 여러 개 만들고 정신없이 돌렸어요. 그러고는 팔마다 들려 있는 나팔을 불어대기 시작했어요. 그 요란한 소리가 끝날 때까지 한결이는 귀를 막아야 했지요.

"그만, 그만해. 너무 시끄럽잖아!"

한참을 신나게 나팔을 불던 다온이가 만족스러운 얼굴로 대단한 비밀을 알려 주듯 귓속말을 했어요.

"바로 문해력이 없기 때문이야!"

"문해력?"

"맞아! 문! 해! 력! 어때? 아주 쉽지? 그렇지?"

다온이가 이번엔 서재를 사방팔방으로 날아다니면서 말했어요.

"제발 그만!"

한결이가 더 이상 참지 못하고 고함을 질렀어요. 그제야 다온이는 처음 모습으로 돌아와서 한결이 앞에 섰어요.

"미안하지만, 난 그 문해력이 뭔지조차 모른다고."

한결이의 말에 다온이의 눈은 매우 커졌어요.

"정말 문해력을 모른다고? 말도 아 돼!"

"그러니까. 문해력이 도대체 뭔데?"

한결이가 짜증이 나서 목소리를 높였어요.

"문해력이란 말이야. 글을 읽어서 그 뜻이 무엇인지 알고 문제를 해결하는 능력을 말해. 한결이 넌 아무리 글을 읽어도 무슨 뜻인지 모르잖아. 그래서 시험도 망치고."

"그래서 넌 문해력이 없다는 거야."

다온이의 말에 한결이가 고개를 끄덕였어요.

"알겠어. 내가 문해력이 없어서 글을 읽어도 그게 무슨 말인지 잘 모르는 거라고 하자. 그런데 그 문해력이 나에게도 생길 수 있는 거야? 맞다. 넌 도깨비니까 뭔가 요술 같은 걸 부려서 내 문해력을 높여줄 수 있겠다! 그렇지?"

한결이가 눈빛을 빛내며 다온이를 바라보았어요. 하지만 다온이는 고개를 가로저었어요.

"아니, 그런 방법은 없어. 뭐 내가 요술을 부려서 한결이 너를 아주 똑똑하게 만들 수는 있지. 하지만 그건 단 하루면 다시 원래대로 돌아온다고. 도깨비들의 요술은 딱 하루만 효과가 있거든."

"뭐야, 그럼 문해력이 생기는 방법은 전혀 없는 거야? 난 이대로 계속 살아야 한다고?"

한결이가 눈물을 글썽거렸어요. 다온이가 당황해서 한결이를 웃기려고 괴상하고 요상한 표정으로 얼굴을 들이밀었어요. 그 바람에 한결이는 웃음이 터졌어요.

"걱정하지 마. 네 문해력은 이 다온이가 책임질 테니까.

이래 봐도 난 1,350년이나 산 책 도깨비라고!"

"그럼, 문해력을 기르는 방법이 있다는 거야?"

"당연하지. 뭐 너처럼 문해력이 영 꽝인 경우는 거의 처음이지만 말이야. 아, 좋은 수가 생각났어! 이 서재에 있는 모든 책에 물어보는 거야. 책만큼 글을 읽고 그 뜻을 아는 능력에 대해 잘하는 녀석들은 없거든."

"말도 안 돼. 서재에 책들이 무슨 말을 한다고 그래? 그리고 여기 책들이 얼마나 많은데, 수천 권은 넘을걸?"

한결이가 고개를 저었어요.

"말이 안 되긴 왜 안 돼? 내가 누구야, 바로 책 도깨비야. 넌 지금부터 딱 열까지만 세면 돼. 자, 지금부터 시작!"

다온이의 말에 한결이는 얼떨결에 숫자를 셌어요.

"하나, 둘, 셋······."

그와 동시에 다온이는 번개처럼 서재 구석구석을 날아다녔어요. 너무 빨라 눈에 보이지 않을 정도였지요.

"아홉, 열!"

한결이가 큰 소리로 외쳤어요. 그 순간 다온이가 다시 한결이 눈앞에 딱 섰어요.

"드디어……."

다온이가 씩 하고 웃으며 말했어요.

"해결 방법을 찾았어!"

"그래서 그 해결 방법이 뭐야?"

한결이가 잔뜩 기대한 눈빛으로 다온이를 바라보았어요. 다온이는 손가락을 들어 서재의 모든 책을 가리켰어요.

"해결 방법은 아주 간단해. 책을 많이, 많이, 많이 읽는 거야."

다온이의 말에 한결이는 실망했어요. 글을 읽어도 이해가 안 될 때 독서를 많이 해야 한다는 것은 선생님이나 엄마가 늘 하던 말씀이었어요. 한결이도 책을 읽지 않은 것은 아니었어요. 하지만 책을 아무리 읽어도 문해력이 높아지지는 않았어요.

"에이, 그 방법은 이미 다 해봤어. 억지로 책을 읽어도 난 하나도 모르겠던걸? 책 읽는 것도 재미없고 말이야."

한결이의 말에 다온이는 단호한 표정으로 절레절레 고개를 저었어요.

"네가 지금까지 책 읽기를 잘못하고 있었으니까 그렇지. 문해력을 높이는 책 읽기는 따로 있거든!"

다온이의 말에 한결이의 눈이 커졌어요.

"그런 게 있어? 그게 뭔데?"

"제일 먼저 책 읽는 것에 흥미를 느껴야 해. 그러려면 먼저 네 수준에 맞는 책을 골라야 하지."

"네 수준에 맞는 책? 그걸 어떻게 아는데?"

한결이가 고개를 갸웃거렸어요. 다온이는 그럴 줄 알았다는 듯이 고개를 끄덕였어요.

"수리수리 도깨비 뚝딱!"

다온이가 이상한 주문을 외고 공중제비하자, 다온이의 팔이 고무줄처럼 길게 뻗어나가기 시작했어요.

　다온이의 팔은 마치 눈이 달린 것처럼 서재의 책을 이리저리 살피더니, 그중에서 네 권 찾아 뽑았어요.

　"자, 이 책들 중에서 너에게 맞는 책을 한번 찾아봐."

　"암만 봐도 잘 모르겠는데? 학년이 표시된 책은 없어?"

　한결이가 책들을 다시 살펴보았지만 그런 표시는 보이지 않았어요. 다온이가 고개를 저었어요.

　"네 말대로 학년에 맞춰서 수준을 알려 주는 책들이 있어. 1·2학년은 저학년, 3·4학년은 중학년, 5·6학년은 고학년 도서처럼 말이야. 하지만 학년이 맞는다고 꼭 네 수준에 맞는 책은 아닐 수도 있어. 넌 5학년이지만 고학년 책이 어렵게 느껴질 수도 있으니까 말이야."

"맞아, 고학년 도서라는데 전혀 이해할 수 없는 책들도 있었던 것 같아. 그럼 내 수준에 맞는 책은 어떻게 골라야 해?"

그 모습을 본 다온이가 못마땅한 듯 고개를 저었어요.

"또 학습만화를 골랐네. 너 지금까지 읽은 책들도 다 학습만화였잖아. 안 그래?"

다온이 말에 한결이가 당황해서 말했어요.

"누, 누가 그래? 난 그런 적 없는데?"

말은 그렇게 했지만, 한결이의 얼굴이 새빨개졌어요. 다온이는 학습만화만 읽었다는 걸 어떻게 알았을까요?

"좋아, 그럼 지금까지 네가 읽은 책들을 한번 불러내 볼까? 수리수리 도깨비 뚝딱!"

다온이가 주문을 외며 손가락을 이리저리 휙휙 휘두르자 어느새 수십 권의 학습만화들이 나타났어요. 그 많은 책은 곧바로 한결이 머리 위에 쏟아졌지요.

"엄마야!"

한결이는 머리를 감싸며 주저앉았어요.

"만날 같은 종류의 책만 읽으면 문해력은 키울 수 없어. 동화책, 과학책, 역사책처럼 다양한 책을 편식하지 않고 읽어야 한다고! 너 학습만화를 볼 때도 만화 내용만 보고 설명하는 글은 안 읽었지?"

"아, 아니야!"

그러자 한결이 주변에 쌓여 있던 학습만화들이 벌떡 몸을 일으키더니, 한결이 주위를 빙글빙글 돌며 소리쳤어요.

"거짓말! 한결이는 우리를 제대로 읽지 않았어!"

"그, 그만! 마, 맞아. 만화만 봤어. 설명글은 재미없으니까……."

한결이는 머리를 긁적이며 말했어요.

"그러니 책을 읽어도 문해력이 높아지지 않았지. 문해력을 키우기 위한 첫 번째! 네 수준에 맞는 다양한 책을 읽는다! 그래야 책에 흥미도 더 느낄 수 있어. 잊지 마!"

"아, 알았어."

한결이가 한숨을 쉬며 《자랑스러운 고구려 역사》를 고르자, 주변에 맴돌던 학습만화들이 모두 사라져 버렸어요.

"어휴, 이제 됐네. 그럼 책을 열심히 읽기만 하면 되는 거야? 난 빨리 읽는 건 자신 있어!"

한결이가 책을 활짝 펼치며 눈을 부릅뜨자, 다온이가 고개를 가로 내저었어요.

"아니야. 빨리 읽기만 하면 안 돼."

"왜? 빨리 읽으면 잘 읽는 거잖아?"

"한결아, 너처럼 그냥 책을 빨리 읽기만 하면 책 속의 내용을 제대로 이해할 수 없다고. 그건 그냥 글씨를 읽는 것뿐이잖아. 그래서는 절대 문해력을 높일 수 없어."

다온이가 한결이의 역사책을 뺏어 들고 말하자, 한결이가 볼멘소리를 했어요.

"치, 그럼 어떻게 읽어?"

"책을 읽을 땐 한 문장씩 차근차근. 네가 이해하고 있는지 확인하며 읽어야 해."

"한 문장씩? 그런데 문장이 뭐야?"

"문장은 내용을 글이나 말로 뜻을 나타내는 최소한의 단위를 말해. 보통 글을 시작해서 온점이 찍힌 곳까지를 한 문장이라고 하지. 잘 모르겠지? 예를 들어볼게."

다온이가 손가락을 빙글빙글 돌리자, 역사책 속에서 글자들이 튀어나와서 공중에 글을 만들었어요.

> 한결이는 오늘도 지각했다.
> 한결이는 학교에서

"한결아, 두 글 중에 뜻을 알 수 있는 건 어떤 거야?"

"당연히 '한결이는 오늘도 지각했다'지. 아랫글은 내가 학교에서 뭘 했다는 건지 모르겠는데? 이렇게 쓰여 있으면 아무리 1,350년 산 너라도 그 뜻을 모를걸?"

한결이가 당연하다는 듯이 말했어요. 다온이가 고개를 끄덕였어요.

"자, 이제부터 한 문장을 읽고 그 뜻이 무엇인지 생각하며 읽어 보자. 이해하며 읽어야 하니까 시간이 좀 걸릴 거야. 처음엔 천천히 읽어도 돼. 계속 읽다 보면 속도가 붙어서 빨리 읽어도 그 뜻을 알 수 있게 될 테니까 말이야."

한결이는 다온이의 말에 고개를 끄덕였어요. 지금까지 한결이는 글을 읽을 때 최대한 빨리 읽는 것이 최고라고 생각했어요. 그래서 책을 대강 빨리 읽곤 많은 책을 읽었다고 자랑했지요.

그런데 정작 누군가 이 책에 관해 물어보면 제대로 설명할 수가 없었어요. 한결이는 자신이 지금까지 책을 잘못 읽었다는 것을 깨달았어요. 그리고 이제 다온이의 말처럼 문장을 이해하며 읽어 봐야겠다고 다짐했어요. 책 읽는 속도는 느리겠지만 글을 제대로 이해하면서 읽을 수 있고, 책 속 지식도 제대로 알 수 있을 것 같았지요.

"알았어! 문해력을 높이는 또 다른 읽기 방법은 없어?"
"있지, 왜 없겠어?"
한결이의 물음에 다온이는 품속에서 커다란 연필을 꺼냈어요.

"밑줄 그으며 읽기. 밑줄 그으며 읽기는 책을 읽으면서 마음에 드는 문장이나 기억할 문장에 밑줄을 그으며 읽는 거야. 이렇게 읽으면 나중에 책을 다시 읽을 때도 밑줄 친 부분이 기억에 남아서 더 집중해서 읽을 수 있어."

다온이의 말에 한결이는 고개를 끄덕였어요.

"좀 어렵지만 문장을 따라 쓰는 방법도 있어."

다온이의 말에 한결이의 표정이 어두워졌어요.

"난 쓰는 거 정말 싫은데……."

"무조건 다 쓰라는 건 아니야. 글을 읽다가 마음에 드는 문장을 따라 써 보는 거야. 그러면 책에 더 집중하게 되고 그 뜻도 잘 이해할 수 있어. 게다가 너처럼 받아쓰기를 10점도 못 맞는 아이에겐 정말 도움이 된다고!"

"너 정말!"

한결이는 다온이를 쏘아보았어요. 다온이는 빙글빙글 웃으며 말을 이었어요.

"그뿐만 아니야. 책 속의 문장은 대부분 잘 다듬어진 좋은 문장들이야. 그러니까 따라 쓰다 보면 너도 모르는 사이에 글 쓰기 실력도 키울 수 있어."

설명을 이어가던 다온이가 잠시 숨을 돌린 후 다시 말을 이어갔어요.

"글을 잘 쓰는 방법도 덤으로 배우는 거지. 문해력도 높이고 맞춤법도 익히고, 글까지 잘 쓸 수 있으니 이런 것이 일거양득이지. 안 그래?"

"일거양득? 그게 무슨 말이야?"

한결이가 다시 고개를 갸웃거렸어요. 다온이가 한숨을 푹 내쉬었어요.

"내가 네 능력을 너무 높게 생각했구나. 일거양득이란 한 가지 일로 여러 가지 이득을 본다는 말이야. 앞으로 문해력이 좋아지면 이런 말도 쉽게 알 수 있을 거야."

"알았어. 이제부터 제대로 책을 읽어서 나도 문해력 짱이 될 거야. 그땐 너도 날 무시하지 못할걸."

한결이가 주먹을 불끈 쥐었어요.

"좋아! 그럼 이제부터 제대로 읽기를 시작해 볼까?"

다온이의 말에 한결이도 고개를 끄덕였어요. 한결이는 곧바로 서재 책상에 앉아 자신이 고른 《자랑스러운 고구려 역사》 책을 펼쳤어요. 그리고 공책과 연필도 준비했지요.

"와, 한 문장씩 이해하면서 읽으니까 책 내용이 무슨 내용인지 알겠어. 정말 멋진데! 어? 그런데 이 문장은 무슨 뜻이지?"

한결이가 머리를 긁적이며 읽던 책을 다온이에게 건넸어요.

"뜻을 모르는 단어가 이렇게 많으니 문장도 이해하기 힘들어. 이럴 땐 어쩌지?"

다온이는 어느새 커다란 돋보기를 품속에서 꺼내 책 속 문장을 찬찬히 살펴보았지요.

"책을 읽다가 이렇게 이해가 되지 않는 문장이 나올 때는 어떻게 해야 할까? 물론 그냥 지나치면 안 되는 건 알지? 무슨 뜻인지 모르고 넘어가 버리면 다음 문장도 이해하기 어려울 테니까. 이럴 땐 먼저 이해가 되지 않는 문장에 밑줄을 치고, 잘 모르는 단어들엔 동그라미도 치는 거야. 그러면 내가 모르는 부분을 정확히 파악할 수 있고, 나중에 단어의 뜻을 찾을 때도 편리하지."

광개토대왕은 391년부터 412년까지 재위했으며, 정치적 안정을 기반으로 고구려의 영토를 확장하였습니다.

핵심 비법 : 문해력을 키우는 독서법

① 다양한 분야의 책을 읽는다.

② 자기 수준에 맞는 책을 고른다. 한 쪽을 읽어 모르는 단어가 있지만 이해할 수 있는 정도가 수준에 맞다.

③ 빨리 읽는 것보다 한 문장씩 뜻을 이해하면서 읽는다.

④ 마음에 드는 문장에 색깔 펜으로 밑줄을 치거나 따라 쓰다 보면 그 뜻을 이해하기도 쉽고 맞춤법이나 글쓰기에도 도움이 된다.

⑤ 이해가 되지 않는 문장에는 연필로 밑줄을 치고, 뜻을 모르는 단어에는 동그라미로 표시한다.

"그래서 문장 속 모르는 단어를 찾는 방법이 뭐야?"

한결이가 애가 타서 다온이를 재촉했어요.

다온이는 마치 깊은 생각에 잠긴 탐정처럼 진지한 목소리로 말했어요.

"첫째, 명탐정처럼 문장 속 단어를 추리해 보는 거야. '범인은 바로 당신!'처럼 말이야."

다온이의 대답에 한결이가 한숨을 쉬었어요.

"어휴~."

　단어의 뜻을 모르는데 어떻게 단어의 뜻을 추리할 수 있다는 것일까요? 그건 마치 한결이가 명탐정 셜록 홈스가 되는 것처럼 불가능해 보였어요.

　"단어 때문에 문장이 어떤 내용인지 모르겠다는 내 말 못 알아들었어? 단어를 몰라서 문장이 이해가 안 되는데, 문장에서 단어 뜻을 어떻게 추리할 수 있어?"

　"널 믿어 봐, 한결아. 너도 명탐정처럼 단어의 뜻을 추측할 수 있다니까."

　다온이가 이렇게 말하며 주문을 외웠어요.

"수리수리 도깨비 뚝딱!"

그러자 한결이가 들고 있던 책 속에서 문장이 마치 기다란 실처럼 쭉 뽑혀 나오기 시작했어요. 그렇게 길게 뽑혀 나온 글자들이 한결이 눈앞에 떠올랐지요. 한결이는 속는 셈 치고 다시 한번 눈앞의 문장을 바라보았어요.

"자, 먼저 재위란 뜻이 무엇인지 추측해 보자."

다온이가 재위란 단어에 돋보기를 대었어요. 그러고는 눈을 부릅뜨고 다시 문장을 살펴보았어요.

"광개토대왕은 391년부터 412년까지 재위했으며……. 음, 잘은 모르겠지만 몇 년부터 몇 년까지니까 '재위'는 사람이 태어나서 죽을 때까지를 말하는 게 아닐까?"

"땡! 아쉽지만 틀렸어. 하지만 추리하는 방식은 아주 훌륭해. 좋았어! 이 정도만 추리하면 돼."

"어? 정말?"

한결이는 고개를 갸웃거렸지만, 다온이가 재촉했어요.

"자, 자, 다음 단어들도 이런 식으로 추측해 봐."

다온이의 격려에 한결이는 다시 한번 힘을 내어 나머지 부분을 읽어 보았어요.

"정치적 안정을 기반으로 고구려의 영토를 확장하였습니다. 정치를 잘해서 좋아졌다는 뜻인가? 아, 모르겠어. 내 생각으로 추측해 보는 건 이 정도가 전부야."

한결이가 답답한 듯 머리카락을 움켜잡았어요.

"아주 잘했어! 내 예상보다 더 훌륭한걸!"

다온이의 말에 한결이는 눈을 동그랗게 떴어요.

"뭐? 정답도 아닌데, 이렇게 추측하는 것이 도움이 돼?"

"당연하지! 문장에서 모르는 단어를 추측하는 건 정답을 맞히는 과정이 아니거든. 문장을 읽을 때마다 이렇게 모르는 단어를 추측하는 습관을 들이면 모르는 단어를 좀 더 자세히 살펴볼 수 있고, 문장을 이해하는 데도 큰 도움이 돼. 또 기억하려 하지 않아도 단어가 머릿속에 남지."

한결이는 머리를 긁적이며 말했어요.

"그래? 난 아직 잘 모르겠어. 하지만 이렇게 뜻이 무얼까? 생각하면서 글을 읽으니까 좀 더 글 읽기가 재밌어진 것 같긴 해. 마치 미스터리를 푸는 것처럼 말이야. 좋아! 다음엔 어떻게 해야 해?"

한결이가 흥미진진하다는 듯이 다온이를 바라보았어요.

"자, 드디어 국어사전을 찾아볼 때가 되었어. 국어사전에서 네가 추측한 단어의 뜻이 맞는지 찾아보는 거야."

"좋아. 그럼 국어사전을 찾아오면 되는 거지? 할아버지가 국어사전을 어디에다 두셨더라? 여기였던가? 아닌가? 분명 서재 어딘가에 국어사전이 있을 텐데……."

한결이가 서재 이곳저곳을 찾아 헤맸어요.

"찾았다! 화분 옆에 세워둔 걸 몰랐네!"

한결이가 매우 커다랗고 두꺼운 국어사전을 낑낑대며 가져왔어요.

"쯧쯧, 요즘이 어떤 시댄데……. 누가 요즘에 그런 사전을 사용하니?"

다온이가 혀를 차며 품속에서 스마트폰을 꺼냈어요.

"요즘엔 인터넷에 접속만 하면 누구나 쉽게 국어사전을 이용할 수 있지!"

한결이는 다온이를 보며 눈을 흘겼어요.

"뭐야? 그럼 찾기 전에 말하지. 괜히 힘만 썼잖아."

투덜대는 한결이에게 다온이가 재빨리 스마트폰을 건네주며 말했어요.

"국어사전은 두꺼울 뿐만 아니라 찾는 방법을 익히는 것도 쉽지 않았어. 하지만 인터넷이 발달하면서 누구나 쉽고 빠르게 단어의 뜻을 찾을 수 있게 되었고, 인터넷 국어사전 덕분에 문해력도 쉽게 높일 수 있게 되었지."

"정말? 인터넷 국어사전이 도움이 돼?"

"당연하지! 생각해 봐. 빠르고 쉽게 국어사전을 이용할 수 있다는 건 단어의 뜻도 빨리 찾을 수 있다는 말이잖아. 그만큼 문장을 이해하기 쉬워지니, 네가 마음만 먹으면 문해력을 높일 기회가 더 많아지는 거야."

한결이는 다온이의 말에 고개를 끄덕이며 스마트폰으로 인터넷 국어사전에 접속했어요.

"먼저 '재위'의 뜻을 찾아보자."

한결이가 인터넷 국어사전에 '재위'라고 단어를 입력했어요. 그러자 순식간에 단어의 뜻이 나타났어요.

재위(在位)

「명사」 임금의 자리에 있음. 또는 그런 동안.

「유의어」 어극, 즉위

"와, 뜻이 금방 나왔어. '재위는 임금의 자리에 있는 동안'을 이야기하는 거야!"

한결이가 신이 나서 말했어요.

"맞아. 너는 국어사전 덕분에 '광개토대왕이 391년부터 412년까지 왕의 자리에 있었다'는 걸 이해하게 됐어."

"신기하다! 그럼 이번엔 '영토'의 뜻을 찾아볼게."

한결이가 인터넷 국어사전에 '영토' 두 글자를 입력했어요. 그러자 국어사전은 두 가지의 뜻을 보여 주었어요.

영토[1](領土)

「명사」『법률』 국제법에서, 국가의 통치권이 미치는 구역. 흔히 토지로 이루어진 국가의 영역을 이르나 영해와 영공을 포함하는 경우도 있다.

「유의어」 국토, 땅, 땅덩이

영토[2]

'영토하다'의 어근

「형용사」 영리하고 똑똑하다.

「유의어」 똑똑하다, 똘똘하다, 영리하다

① 불이 붙다.

② 자동차나 비행기에 몸을 싣다.

③ 액체에 가루 같은 것을 섞다.

다온이가 걱정스러운 얼굴로 말했어요.

"그런데 동음이의어는 단어의 뜻을 찾는 걸 헷갈리게 만들기도 해. 어떤 뜻으로 쓰였는지 찾아야 하니까."

"그럼 어떻게 올바른 뜻을 찾을 수 있어?"

"만약 국어사전에서 단어의 뜻이 다른 의미로 여러 개 나온다면 어떤 것이 문장에 가장 어울리는 뜻인지 판단하고 선택해야 해. 네가 읽고 있는 문장에서 어떤 뜻을 써야 가장 자연스럽고 어울리는지 살펴보는 거지. 한결이 네가 보기엔 어떤 뜻이 잘 어울릴 것 같아?"

다온이의 물음에 한결이는 다시 문장을 살펴보았어요.

"음, 아무래도 첫 번째가 어울리는 것 같아. 광개토대왕과 관련된 것이니까 국가나 나라와 관련된 것이 아닐까? '영리하다'라는 뜻은 뭔가 잘 안 어울려."

한결이의 말에 다온이는 엄지를 치켜들었어요.

"오, 맞아! 대단한걸! 내가 쉽게 찾을 수 있다고 했지?"

"정말 그렇네. 이제부터 국어사전을 이용할 땐 그냥 나온 뜻을 생각 없이 쓰지 않고, 동음이의어는 아닌지, 어떤 뜻이 올바른 뜻인지 살펴봐야겠어."

"바로 그거야. 이제부터 단어의 뜻을 찾으려고 국어사전을 이용하는데 뜻이 두 개 이상 나왔다고 당황해하지 마. 그럴 땐 두 개의 뜻 중에 내가 읽은 문장과 관계가 깊은 뜻이 어떤 것인지 생각해 보고 문장을 다시 읽어 보는 거야. 그러면 어떤 뜻이 더 의미가 정확한지 알 수 있어. 그렇게 계속 노력하다 보면, 동음이의어라도 문장 속 단어의 뜻을 쉽게 제대로 고를 수 있게 되지."

다온이의 말에 신이 난 한결이는 사전에 나온 단어의 뜻을 살펴보다 얼굴이 금세 어두워졌어요.

"어휴, 또다시 힘들어졌어. 사전에서 단어의 뜻을 잘 고르면 뭘 해. 영토에 대한 설명을 읽어 보니 그 속에도 내가 모르는 단어가 너무 많은 걸. 통치권은 뭐고? 영해, 영공은 또 뭐야? 이건 어떻게 해결해야 해?"

다온이가 한결이의 어깨를 두드리며 위로했어요.

"걱정하지 마. 이 단어들도 다시 국어사전으로 찾아보면 되잖아. 이렇게 하나씩 뜻을 알아가는 것이 시간도 오래 걸리고 힘들지만, 글을 읽고 정확한 뜻을 알기 위한 방법 중 이 방법보다 더 나은 방법은 없어. 그러니까 포기하지 말고 모르는 단어들을 차근차근 찾아보는 거야."

다온이의 말에 한결이는 고개를 끄덕였어요.

"알겠어! 그럼 영공과 영해도 그 뜻을 찾아볼게."

한결이가 포기하지 않고 인터넷 국어사전에서 단어를 찾아보았어요.

"아, 영해는 영토 주변의 바다를 말하는 거구나. 그리고 영공은 영토와 영해 위의 하늘을 말해! 와, 국어사전 덕분에 영토, 영해, 영공이 무슨 뜻인지 알게 되었어!"

"그렇지? 국어사전을 이용하면 모르는 지식도 더 많이 알 수 있다는 이점도 있어."

한결이가 자신만만하게 외쳤어요.

"좋아! 이제 국어사전을 이용해서 단어의 뜻을 알아내는 건 문제 없어!"

하지만 다온이는 고개를 가로저었어요.

"아직 자신하긴 일러. 국어사전을 좀 더 자세히 살펴보면 국어사전을 똑똑하게 사용하는 방법이 있는데, 그건 그냥 지나칠 거야?"

다온이의 말에 한결이는 눈빛을 빛냈어요.

"그래? 어떤 방법이 있는데? 빨리 알려 줘!"

다온이가 빙긋 웃으며 대답했어요.

"우리가 찾은 국어사전 내용을 다시 살펴보자 '재위'란 단어 옆에 뭐라고 적혀 있지?"

다온이의 말에 한결이는 다시 국어사전을 바라보았어요.

재위(在位)

「명사」 임금의 자리에 있음. 또는 그런 동안.

「유의어」 어극, 즉위

"어? 가만 그러고 보니 재위 옆에 괄호가 있고 한자가 쓰여 있어. 이게 뭐야?"

"국어사전에서 찾는 단어 옆에 괄호가 있고 한자가 적혀 있으면, 그 단어는 '한자어'라는 뜻이야."

"한자어? 그게 뭔데?"

"한자를 기초로 만든 단어란 말이지. 우리나라에서 사용하는 단어 중에는 중국의 한자를 기초로 해서 만들어진 말들이 있어. 아주 옛날 세종대왕이 한글을 만들기 전에는 우리도 한자를 주로 사용했잖아. 그래서 오늘날 쓰는 단어에도 한자로 이루어진 단어들이 아직 많이 남아 있는 거야."

"그렇구나! 그럼 국어사전으로 찾아보기만 해도 내가 찾는 단어가 한자어인지 아닌지 쉽게 알 수 있겠네!"

한결이가 흥분해서 외쳤어요.

"맞아. 국어사전을 잘 사용하면 찾는 단어가 어느 나라 말에서 유래되었는지도 알 수 있어. 예를 들어 볼게. 한결이 네가 좋아하는 빵은 어느 나라에서 온 말일까?"

"빵? 빵은 우리말 아니야?"

한결이는 눈이 동그랗게 커지며 다시 물었어요.

"빵이 다른 나라 말이었어?"

한결이는 빵을 좋아해서 하루에도 몇 개씩 먹었지만, 지금까지 빵이 어느 나라에서 온 말인지 생각해 본 적이 없었거든요. 다온이가 웃으며 대답했어요.

"믿지 못하겠으면, 국어사전에 '빵'을 입력해 봐."

한결이가 재빨리 국어사전 검색창에 빵을 쳤어요. 그러자 곧바로 아래와 같은 결과가 나왔어요.

빵

「명사」 1. 밀가루를 주원료로 하여 소금, 설탕, 버터, 효모 따위를 섞어 반죽하여 발효한 뒤에 불에 굽거나 찐 음식. 서양 사람들의 주 음식이다.

2. 먹고살 양식.

「어원」 포르투갈어

"결과를 보면 어원이 포르투갈어라고 쓰여 있는 게 보이지? 말 그대로 포르투갈어에서 유래되었다는 말이야."

"정말 신기해. 국어사전에 이런 것도 적혀 있다니."

한결이가 눈빛을 빛내며 말했어요.

 "우리나라 말은 예전부터 사람들이 사용했던 순우리말과 다른 나라에서 유래된 외래어, 한자로 이루어진 한자어 등으로 나눌 수 있어. 이렇게 국어사전을 이용하면 단어의 뜻뿐만 아니라 그 말의 유래를 알 수 있는 거지."
 "와! 국어사전만 잘 이용해도 우리말 박사가 되겠어."
 한결이는 벌써 우리말 박사가 된 것처럼 신이 났어요.
 "우리말 박사가 되기 위해선 아직 멀었어. 국어사전으로 다른 것도 알 수 있거든. 국어사전을 이용하면 단어의 종류에 대해서도 알 수 있어. 우리가 찾은 단어가 명사인지, 동사인지, 형용사나 부사인지도 쉽게 알 수 있지."
 다온이가 인터넷 국어사전에 '학교'를 입력했어요.

> **학교**
> 「명사」 일정한 목적·교과 과정·설비·제도 및 법규에 따라 계속적으로 학생에게 교육을 실시하는 기관.

"여기 보면 학교 밑에 명사라고 쓰여 있지? 학교라는 단어의 종류가 명사라는 걸 나타내는 거야."

"그렇구나! 그런데 명사, 동사? 그건 또 무슨 뜻이야? 아! 말해 주지 않아도 돼. 이번엔 내가 직접 국어사전으로 찾아볼 거야."

한결이가 팔을 걷어붙이고 국어사전을 이용하기 시작했어요. 그 모습을 보고 다온이는 만족스러운 듯 고개를 끄덕였지요.

"찾았다! 명사는 사물의 이름을 나타내는 말이고, 동사는 동작을 나타내는 말, 형용사는 성질을 나타내는 말이야. 그리고 부사는 다른 말을 꾸며주는 말이고. 맞지?"

"와~, 문장 하나에 여러 단어가 다양한 역할을 하며 어우러져 있구나! 국어사전을 이용하지 않았으면 이런 건 알지 못했을 거야."

한결이가 감탄하며 말하자 다온이가 고개를 끄덕였어요.

"맞아, 이렇게 국어사전을 이용하면 모르는 단어의 뜻을 알 뿐만 아니라 그 단어의 유래도 알 수 있고. 단어들이 문장에서 어떤 역할을 하는지도 알 수 있지. 똑똑하게 국어사전을 사용하면 할수록 문해력을 더욱 키울 수 있다는 걸 잊지 마."

핵심 비법 모르는 단어의 뜻을 찾아라

① 문장에서 단어의 뜻이 어떻게 쓰일지 추측한다.

② 인터넷 국어사전으로 단어의 뜻을 찾는다.

③ 사전에서 찾은 뜻에서 모르는 단어가 있으면 그 단어도 찾는다.

④ 동음이의어는 여러 뜻 중 문장에서 사용될 적절한 뜻이 어떤 것인지 골라낸다.

⑤ 단어가 순우리말인지, 한자어인지, 외래어인지 살펴보면 단어에 대해 좀 더 많은 것을 알 수 있다.

⑥ 단어의 갈래(명사, 동사, 형용사, 부사)도 알아본다.

"책을 제대로 읽는 방법도 배웠고, 국어사전을 똑똑하게 이용하는 법도 알았으니까. 이제 책을 읽을 때나 시험 문제를 읽을 때 아무 문제 없겠지? 이제 우리 반 공부 1등은 내 거야!"

한결이가 으스대며 외쳤어요. 그 모습을 보며 다온이가 빙글빙글 웃었어요.

"공부 1등이라……. 정말 그렇게 될 수 있을까?"

"뭐야? 네가 하라는 대로 했잖아. 그럼 된 거 아냐?"

한결이가 화가 난 표정으로 말했어요. 그러자 다온이가 한결이에게 얼굴을 쑥 들이밀었어요. 그 바람에 한결이는 당황해서 넘어져 엉덩방아를 찧고 말았어요.

"자, 그럼 정말 문해력이 높아졌는지 시험해 볼까? 너 아까 찾은 단어 '재위'가 무슨 뜻이었지? 기억나?"

"아야, 그렇게 갑자기 다가오면 어떡해! 재위가 무슨 뜻이냐면, 그러니까……. 그래! 네가 갑자기 다가와서 까먹었잖아. 좀 전까지 분명히 알고 있었단 말이야. 뭐 이럴 땐 다 방법이 있지. 다시 한번 국어사전을……."

한결이가 다급하게 스마트폰을 잡으려 손을 뻗었어요.

하지만 스마트폰은 마치 날개를 단 것처럼 공중으로 날아올랐어요. 한결이가 뛰어올라 손을 뻗었지만 날아오른 스마트폰의 근처도 가지 못했지요.

"야! 내려와!"

한결이가 소리쳤지만, 스마트폰은 마치 한결이를 놀리는 것처럼 제자리에서 빙글빙글 돌고 있었어요. 한결이는 그 모습에 더 화를 냈어요.

"뭐야? 다온! 아까는 뜻을 모르는 단어는 국어사전에서 찾으라며! 그런데 왜 이러는 거야? 빨리 내려 줘!"

한결이의 외침에도 다온이는 단호하게 고개를 저었어요.

"방금 배운 단어도 기억 못 하다니! 정말 모를 때마다 이렇게 사전을 찾아서 해결할 거야? 이건 단어의 뜻을 제대로 안다고 할 수 없어. 당연히 문해력도 높아지지 않고."

한결이가 심통이 난 얼굴로 말했어요.

"그럼 어떻게 하라고? 내가 제일 못하는 게 단어 외우는 거란 말이야."

"단어를 무조건 외우니까 어려운 거야. 네가 찾은 단어를 내 것으로 만들어야 기억할 수 있지."

"뭐 단어를 내 것으로 만든다고? 그게 무슨 말이야?"

한결이가 고개를 갸웃거렸어요.

"모르는 단어를 만날 사전으로 찾기만 하면 뜻을 기억하겠어? 당연히 금방 잊어버리겠지? 하지만 한번 찾은 단어를 내 것으로 만들면 오랫동안 기억할 수 있고, 당연히 문해력도 높아질 수 있어."

한결이는 단어를 내 것으로 만든다는 다온이의 말이 무슨 뜻인지는 잘 몰랐지만, 왠지 그 말이 멋있어 보였어요. 그래서 다온이를 재촉했어요.

"단어를 내 것으로 만드는 방법? 그게 뭐야? 뭔데?"

다온이는 미소를 지으며 대답했어요.

"먼저, 찾은 단어가 사용된 다른 문장들을 찾아봐야 해. 어떤 문장에서 사용되는지 알면 단순히 뜻을 아는 것보다 단어의 의미를 더 오래 기억할 수 있거든."

한결이가 약간 실망한 표정으로 말했어요.

"에이, 그게 뭐야? 단어가 사용되는 문장을 어떻게 찾아? 너는 도깨비니까 쉽겠지만, 그걸 내가 어떻게 찾을 수 있겠어? 뭐, 선생님이나 부모님께 물어봐?"

다온이는 씩 웃으며 말했어요.

"그 방법도 가능하겠지만, 언제까지 어른들 도움을 받을래? 너 스스로 해봐야지."

한결이는 창피한지 얼굴이 붉어졌어요.

"알았어. 나도 나 스스로 하고 싶단 말이야. 어떻게 하면 되는데?"

"먼저 다양한 책을 많이 읽는 게 좋아. 책 속에서 네가 찾은 단어들이 어떻게 사용되는지 찾아보는 거지."

"결국 또 책을 많이 읽으란 소리네. 그거 말고 다른 방법은 없어?"

한결이가 한숨을 내쉬었어요.

"문해력을 높이는 데 독서가 얼마나 중요한데. 뭐 너같이 책 읽기를 별로 좋아하지 않는 아이들을 위해 요즘은 훨씬 쉬운 방법이 있긴 하지만."

다온이의 말을 듣자마자 다시 한결이의 눈이 반짝반짝 빛났어요.

"그 방법이 뭐야?"

"잘 봐. 수리수리 도깨비 뚝딱!"

다온이가 주문을 외며 손가락을 천천히 돌리자 빙글빙글 돌고 있던 스마트폰이 천천히 내려왔어요.

"뭐야, 스마트폰으로 뭘 하려고? 또 인터넷 국어사전을 이용하라는 거야?"

한결이가 의심스럽다는 듯이 다온이에게 물었어요. 다온이가 고개를 저으며 말했어요.

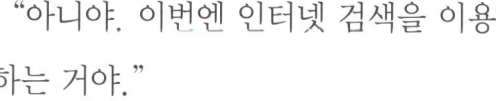

"아니야. 이번엔 인터넷 검색을 이용하는 거야."

"인터넷 검색, 그게 도움이 돼?"

한결이가 고개를 갸웃거렸어요.

"책 도깨비를 좀 믿어 봐. 자, 인터넷 검색창에 찾은 단어를 쳐 봐, 어서!"

한결이는 다온이의 말대로 인터넷 검색창에 '재위'를 입력했어요. 그랬더니 재위란 단어가 포함된 수십 가지 사이트가 검색 결과로 나타났어요.

"난 지금까지 인터넷은 재밌는 동영상만 보고 게임 할 때만 썼는데, 이렇게 사용하면 인터넷으로 내가 똑똑해질 수 있을 것 같아. 와, 정말 짱이야."

한결이가 감탄하며 말했어요.

"한 가지 더! 어떤 일이든 많이 하고 꾸준히 하면 익숙해진다는 거 너도 알고 있지?"

한결이가 고개를 끄덕였어요.

"단어도 마찬가지야. 생활 속에서 그 단어를 많이 사용하면 할수록 익숙해지고 뜻도 오래 기억될 수 있어."

"그렇구나! 찾은 단어를 '생활 속 단어'로 만든다! 근데 어떻게 하면 되는 건데?"

"아까 찾은 재위를 가지고 한번 문장을 만들어 봐."

다온이의 말에 한결이는 잠시 생각에 잠겼어요.

"음, 재위는 왕위에 있는 동안을 말하니까……. '세종대왕은 재위 기간에 한글을 만들었다' 이렇게? 어때?"

"훌륭해! 이런 식으로 뜻을 찾은 단어들을 다양하게 사용해 보는 거야. 글을 쓸 때도, 말을 할 때도 말이야."

다온이는 더욱 신이 나서 한결이에게 설명했어요.

"그러다 보면 어느 순간에 글을 읽고 쓰는데 다양한 단어를 사용하는 자신을 발견하게 될 거야. 당연히 문해력도 높아져 있겠지!"

다온이의 말을 듣고 한결이는 머릿속으로 자신의 미래 모습을 그려 보았어요. 친구들의 질문에 한껏 으스대며 대답하고 있는 자기 모습을 떠올려 보니 기분이 날아갈 것 같았어요.

그렇게 생각하니 자연스레 한결이는 얼굴에 미소가 그려졌어요. 그 모습을 본 다온이는 한결이의 마음을 이미 들여다보았는지 깔깔대며 말했어요.

"문해력 짱이 되면 정말 좋겠지? 깔깔깔! 미안하지만 문해력 짱이 되기 위해서는 좀 더 알아야 할 게 있어."

  한결이는 자신의 속마음을 들킨 것 같아 얼굴이 빨개졌어요.

"그, 그래? 뭘 더 알아야 하는데?"

"내가 찾은 단어가 똑같거나 비슷한 말이 있는지, 아니면 반대말이 있는지도 살펴보면 좋아."

"비슷한 말과 반대말?"

"맞아. 예를 들어 '태양과 해', '이와 이빨'처럼 뜻이 서로 같거나 비슷한 단어가 유의어야. 반대말은 반의어라고도 하는데, 예를 들면 '길다와 짧다', '쉽다와 어렵다'처럼 정반대인 말이지."

"음. 내가 원하는 건 모르는 단어를 내 것으로 만드는 거잖아. 그런데 굳이 비슷한 말과 반대말까지 찾아야 하는 이유는 뭐야?"

한결이가 고개를 갸웃거렸어요.

"같은 의미의 문장이지만 단어가 달라서 그 의미를 알지 못하는 경우가 있어. 사람들이 사용하는 단어 중에는 같은 의미인데 자주 쓰지 않는 비슷한 말들도 많거든. 그래서 비슷한 말을 많이 알수록 문장의 의미를 더 빨리 이해할 수 있지. 한번 볼까?"

다온이가 손가락을 빙글빙글 돌리자 한결이 눈앞에 텔레비전 뉴스를 하는 아나운서의 영상이 펼쳐졌어요.

"이 우표는 고종 황제 어극 40년을 기념하여 발행된 우표입니다. 현재 대한민국 역사박물관에 소장된……."

다온이가 보여 주는 뉴스를 듣자 한결이는 머리가 아파졌어요. 분명 거의 다 아는 단어들인데 무슨 말인지 제대로 이해가 되지 않았어요.

"지금 저 아나운서가 하는 말이 무슨 뜻인지 알겠어?"

다온이의 물음에 한결이는 고개를 가로저었어요.

"잘 모르겠어. 어극이 도대체 무슨 뜻이야. 다시 사전을 찾아야 하나?"

한결이의 말에 다온이는 혀를 찼어요.

"오늘 네가 이미 그 뜻을 찾았거든."

다온이의 말에 한결이는 눈이 동그래졌어요.

"정말? 언제?"

"자, 과거 모습을 살펴볼까? 수리수리 도깨비 뚝딱!"

다온이가 주문을 외자 아나운서 영상은 한결이와 다온이의 모습으로 바뀌었어요.

"와, 내 모습이 보이는데! 다온이 너도 보여."

"저건 불과 몇 시간 전 우리 모습이야."

영상 속 한결이는 다온이의 말에 고개를 끄덕이며 스마트폰으로 인터넷 국어사전을 접속하고 있었어요.

"먼저 재위의 뜻을 찾아보자."

한결이는 인터넷 국어사전에 재위라는 단어를 입력했어요. 그러자 스마트폰에 결과가 바로 나왔어요.

영상 속 한결이는 "재위는 임금의 자리에 있는 동안을 이야기하는 거야!"라고 말을 하고 있었지요. 그때 다온이가 손가락을 튕기자 눈앞의 영상이 딱 멈췄어요.

"잠깐! 여기를 잘 봐. 네가 찾은 사전 내용을 읽어 봐. 뭐라고 쓰여 있지?"

> **재위**(在位)
>
> 「명사」 임금의 자리에 있음. 또는 그런 동안.
>
> 「유의어」 어극

"아! 어극! 재위의 유의어가 '어극'이라고 쓰여 있네. 재위와 어극은 비슷한 말이었구나! 이걸 내가 왜 몰랐지?"

한결이가 창피한 듯 머리를 긁적였어요.

"자, 이제 알겠어? 모르는 단어를 찾을 때 단지 뜻만 아는 게 아니라 그 단어와 비슷한 말은 무엇이고 반대되는 말은 무엇인지도 찾아보면, 내가 아는 단어들이 더욱 풍부해지고 더 쉽게 문장을 읽을 수 있게 돼. 그러면 한결이 네가 원하는 '문해력 짱'도 될 수 있겠지?"

"알겠어. 모르는 단어를 찾을 땐 비슷한 말이 없는지 반대말은 어떤 건지도 찾아볼게. 약속해!"

한결이가 새끼손가락을 내밀었어요. 하지만 다온이는 고개를 저었어요.

"약속만으론 부족해. 바로 실천하는 모습을 보여야지!"

"수리수리 도깨비 뚝딱!"

다온이가 주문을 외자 어느새 한결이의 손에 공책이 들려 있었어요. 공책에는 이렇게 적혀 있었어요.

'한결이의 단어장'

"이, 이게 뭐야?"

"뭐긴 뭐야? 바로 한결이 너만의 단어장이지. 여기에 모르는 단어가 있을 때마다 뜻을 찾고 정리해 두면 쉽게 잊어버리지 않게 될 거야. 자, 오늘 우리가 찾은 단어부터 빨리 적어 봐."

"으, 쓰는 건 정말 귀찮은 일이지만, 문해력 짱이 되기 위해선 참아야겠지? 그리고 이젠 단어의 뜻을 찾아보는 것이 재밌어졌어!"

한결이가 빙긋 웃으며 나만의 단어장에 정성스럽게 한 자, 한 자 글자를 쓰기 시작했어요.

> 찾은 단어 : 재위
> 뜻 : 임금이 자리에 있는 동안을 말한다.
> 생활 속에서 사용하기 :
> 세종대왕의 재위 기간은 얼마나 될까?
> 광개토대왕이 재위할 동안 한 일은?
> 비슷한 말 : 어극(고종황제 어극 40주년 우표)

"와, 이렇게 써 보니까 내가 국어사전을 만드는 사람이 된 것 같아. 나 뭔가 멋지지 않아!"

한결이가 신이 나서 말했어요. 다온이가 엄지손가락을 치켜세웠어요.

"오늘 한결이의 모습 중 가장 멋진 모습이야! 나만의 단어장을 만들면 내가 찾아본 단어들을 쉽게 살펴볼 수도 있고 머릿속에 기억하기도 쉬워. 이렇게 한결이 네가 나만의 단어장에 찾은 단어의 뜻과 생활 속에 사용되는 표현을 하나씩 채워 나갈 때마다 문해력도 점점 더 자라날 거야!"

핵심 비법 : 단어를 내 것으로 만들어라

① 뜻을 찾은 단어를 인터넷 검색창에 입력한다.
실제 생활에서 내가 찾은 단어가 어떻게 사용되는지 쉽게 찾을 수 있다.

② 새로운 단어를 생활 속에서 자주 사용한다.
생활 속에서 많이 사용할수록 더 빠르고 쉽게 단어에 익숙해질 수 있다.

③ 유의어(비슷한 말)와 반의어(반대말)도 알아둔다.
더 많은 단어를 쉽게 익힐 수 있다.

④ 나만의 단어장을 정리한다.
단어장에 정리해 두면 내용을 적으며 한 번 더 기억하게 되고, 빠르게 뜻을 찾을 수 있어 편리하다.

"좋아, 이제부터 나만의 단어장을 만들고 단어들을 하나하나 내 것으로 만들 거야. 문해력 짱이 될 그날을 위해! 파이팅!"

한결이가 소리쳤어요. 그때였어요. 등 뒤에서 누군가의 목소리가 들려왔어요.

"와! 우리 한결이 목소리에 기운이 넘치는데? 할아버지 서재에서 뭔가 많은 걸 배웠나 보다!"

엄마의 목소리였어요.

한결이는 고개를 돌려 엄마를 바라보았어요. 엄마가 웃는 얼굴로 한결이를 보고 있었어요.

"응! 이게 다 책 도깨비 다온이 덕분이야! 다온아, 어?"

한결이가 다시 서재 안으로 고개를 돌렸어요. 그런데 이상한 일이 생겼어요. 서재 안엔 한결이 말고 아무도 없지 뭐예요. 다온이 대신 한결이 발밑에는 한결이가 떨어뜨린 무거운 책만 덩그러니 놓여 있었지요.

"뭐야! 도깨비 녀석……. 도대체 어디로 사라진 거야? 장난 그만치고 나와! 다온아! 나오라고!"

한결이가 서재를 두리번거리며 소리쳤어요. 엄마는 당황한 표정으로 한결이를 한참 바라보다 입을 열었어요.

"도깨비라니, 그게 무슨 말이야? 한결이 너 서재에서 공부 좀 하랬더니, 그냥 잠을 자고 있었던 거야?"

엄마가 한결이를 흘겨보자, 한결이는 억울한 마음에 더 크게 소리쳤어요.

"아니야! 정말 책 도깨비를 만났다니까. 서재에 들어가서 이 책을 들었는데, 그때 말이야……."

한결이가 크고 무거운 책을 손으로 가리켰어요.

"어머, 이건 할아버지가 쓰신 책인데. 어떻게 찾았니?"

엄마의 말에 한결이는 눈이 동그래졌어요.

"뭐? 이 도깨비 책이 할아버지가 쓰신 책이었어?"

"맞아, 할아버지가 살아계실 때 '우리 한결이가 크면 꼭 이 책을 건네주렴' 하고 부탁하셨거든. 그런데 할아버지가 돌아가시고 난 뒤에 찾으려니까 책이 감쪽같이 사라져 버렸더라. 서재를 다 뒤져 봐도 이 책을 찾을 수 없었어. 그런데 갑자기 나타난 거야."

엄마가 놀란 표정으로 말했어요.

한결이는 크고 무거운 책을 천천히 들어올렸어요. 낡은 책에서 그리운 할아버지의 냄새가 나는 것 같았어요. 할아버지가 한결이를 위해 남기신 책…….

'이 책이 할아버지의 책이었어. 그래서 이 책에서 다온이가 나타났던 거야.'

한결이는 책 도깨비 다온이가 한결이에게 갑자기 나타난 이유를 조금은 알 것 같았지요.

"한결이 덕분에 할아버지 책도 찾았구나. 할아버지가 기뻐하실 거야."

"내가 아니라 할아버지가 책을 찾게 도와주신 거야."

한결이의 눈에 눈물이 글썽거렸어요.

엄마는 한결이가 무슨 말을 하는지 이해할 수가 없어서 고개를 갸웃거렸어요.

"그, 그래. 할아버지 책을 찾았으니 서재에 다시 꽂아 놓자. 이 책은 네가 지금 읽기엔 너무 어려워."

한결이는 고개를 가로저었어요.

"아니야, 내 방에 가져갈 거야. 이 책을 제대로 읽을 수 있을 때까지 나 열심히 노력할 거야. 꼭!"

책을 꼭 안은 한결이의 눈빛이 반짝반짝 빛났어요.

그렇게 나만의 단어장이 차곡차곡 만들어질수록 한결이는 글을 읽는 것이 어렵지 않았고, 더욱 빨리 읽을 수 있게 되었어요. 그리고 문장을 이해할 수 있게 되니 글을 읽는 것도 점점 더 재밌어졌어요.

"한결아, 너무 오래 책만 보는 거 아니니?"

이제는 엄마가 한결이를 걱정할 만큼 한결이는 책을 좋아하게 되었어요. 한결이는 책 도깨비 다온이의 충고를 잊지 않고 다양한 책을 읽으려고 노력했어요. 예전에 학습만화만 보던 한결이가 아니었어요. 역사책, 과학책, 위인전, 동화책 등등 다양한 책을 읽고 다양한 지식을 얻게 되자, 한결이는 책을 읽고 감동할 수 있는 아이로 조금씩 바뀌기 시작했어요.

"서하결! 축하해. 이번 국어 시험은 95점이야!"

선생님의 칭찬이 부끄러워 한결이는 얼굴이 빨개진 채로 앞으로 나갔어요.

"와! 한결이가 웬일이야?"

친구들이 놀라서 수군거렸어요. 그중에 정태의 목소리가 제일 컸지요.

시험지를 받아 든 한결이는 그동안 노력한 결과란 생각에 가슴을 쭉 펴고 당당한 표정으로 자리에 돌아갔어요.

"너, 커닝했지? 그렇지 않고서야 네가 국어 시험을 이렇게 잘 볼 리가 없어. 맞지?"

쉬는 시간이 되자, 까불이 정태가 눈을 게슴츠레하게 뜨고 한결이에게 다가와 물었어요. 한결이는 정태의 반응에 그럴 줄 알았다는 듯이 팔짱을 끼고 느긋하게 눈을 감은 채 말했어요.

"아이고, 그런 방법 쓰지 않아도 국어 시험 잘 볼 수 있거든. 너도 나처럼 문해력이 높아지면 국어 시험은 언제나 식은 죽 먹기지."

"문해력? 그게 뭔데? 문제집 이름이야? 그 문해력이 높아지면 정말 국어 시험을 잘 볼 수 있어?"

정태가 한결이에게 얼굴을 들이밀며 말했어요. 한결이는 고개를 뒤로 빼며 고개를 끄덕였어요.

"당연하지!"

"야! 그럼 나도 좀 알려 줘. 그 문해력인가 뭔가 높이는 법! 응? 나 이번 시험도 50점 받았단 말이야. 제발!"

정태가 막무가내로 조르기 시작했어요. 한결이는 크게 한숨을 쉰 뒤 못 이기는 척 정태에게 말했어요.

"좋아, 대신 조건이 있어!"

"그게 뭔데? 떡볶이를 사 줄까, 아니면 피자?"

"아니, 그런 게 아니야. 네가 먼저 문해력이 뭔지 알아 와야 해. 문해력이 뭔지 알아 오면, 방법을 알려 줄게."

"뭐? 그, 그걸 어떻게 아는데?"

정태가 황당하다는 듯 한결이를 쳐다보았어요. 한결이가 한숨을 내쉬며 말했어요.

"모르는 단어가 있으면 국어사전! 국어사전을 찾아보면 되잖아. 시험 성적 쑥쑥 싫어? 자, 시간 없어 빨리!"

한결이의 재촉에 정태는 후다닥 자리에서 일어났어요.

"아, 알았어. 국어사전에 있단 말이지? 그런데 국어사전은 어디서 보면 되는 거지? 아, 도서관!"

정태는 교실을 두리번거리다 황급히 교실을 빠져나갔어요. 한결이는 그런 정태의 뒷모습을 보며 중얼거렸어요.

"문해력을 높이는 첫 번째가 바로 국어사전을 사용하는 거야. 파이팅, 오정태!"

"학교 다녀왔습니다!"

"한결이 왔니? 배고프지? 빨리 손 씻고 밥 먹자."

엄마의 말이 있었지만, 한결이가 손을 씻고 가장 먼저 한 것은 식탁에 앉는 일이 아니었어요. 제일 먼저 할아버지 서재를 찾았어요. 한결이가 요즘 학교에서 돌아오자마자 하는 일이었지요.

"흐음, 고소한 책 냄새가 나."

한결이는 서재 문 앞에서 크게 숨을 들이마셨어요. 그러면 오래된 책 냄새가 났어요. 예전에도 이 책 냄새를 좋아했지만, 지금과는 좀 달랐어요.

어렸을 적 한결이는 할아버지가 주시는 사탕을 좋아했어요. 그래서 서재도 서재의 책 냄새도 좋았지요. 하지만 할아버지 주변을 둘러싸고 있던 수많은 책에는 아무런 관심이 없었어요.

하지만 지금은 달라요. 한결이는 서재의 책 냄새가 날

때마다 기분이 좋았어요. 왜냐고요? 책 냄새를 맡으면 할아버지가 서재 속에 숨겨 놓으신 보물들을 발견할 생각에 심장이 콩닥콩닥 뛰었기 때문이에요. 그 보물이 뭐냐고요? 바로 할아버지가 남겨 놓은 수많은 책이지요.

"오늘은 무슨 책을 읽어 볼까?"

한결이는 서재에 빽빽하게 꽂혀 있는 책을 하나하나 살펴보았어요. 그리고 그중에서 가장 마음에 드는 책을 한 권 골랐어요. 한결이는 널찍한 할아버지 책상에 앉아서 고른 책을 펼쳤어요. 책 옆에는 항상 연필과 한결이가 한 장 한 장 만들어 간 한결이의 단어장이 있었지요. 한결이는 눈을 빛내며 한 문장씩 꼼꼼히 책을 읽어 나가기 시작했어요.

"지구상에서 가장 큰 영장류인……."

그리고 모르는 단어가 나오면 잊지 않고 그 뜻을 하나하나 찾아 나갔지요.

"한결아, 밥 먹자!"

"응! 이 부분만 더 읽고!"

"꼭 거기까지만 읽고 와야 해."

한결이는 엄마에게 대답하고 다시 책에 빠져들었어요. 오늘도 할아버지 서재에 해가 뉘엿뉘엿 저물며 한결이의 그림자가 길게 드리워졌어요.

"어때, 네 손주 멋지지?"

누군가의 낮고 인자한 목소리가 들려왔어요. 한결이는 한창 책 읽기에 몰입하고 있어서 그 목소리를 듣지 못했어요. 그리고 이어서 또 다른 개구쟁이 같은 목소리도 들려왔지요.

"헤헤. 이게 다 내가 도와준 덕분이야, 할배."

또 다른 목소리는 뭔가 신나 보였어요.

"어이구, 네 녀석 덕분이라고? 말도 안 된다. 네 녀석이 도와주지 않았어도 우리 손주는 날 닮아서 잘 해냈을 거야. 우리 손주를 봐 얼마가 기특하냐, 응?"

인자한 목소리에는 애정이 듬뿍 배어 있었어요.

"말도 안 되는 건 할배가 하는 소리라고! 할배가 처음 한결이 상태를 보았으면 절대 그런 말이 안 나왔을걸."

개구쟁이 목소리가 딴지를 걸기 시작했어요.

"이 녀석아! 도깨비들이 아무리 요술을 부려도 사람이

노력하지 않으면 세상이 변하지 않는다는 걸 몰라?"

인자한 목소리가 조금 높아졌어요.

"어휴, 이 할배하곤 대화를 못 한다니까. 좋아, 할배. 그럼 이번에도 내기할까?"

"내기 좋지! 이번엔 수수팥떡으로 내기하자. 내가 반드시 이겨서 도깨비 녀석에게 수수팥떡을 얻어먹는 첫 번째 할아비가 될 테니까 말이야."

"어이구, 질 걱정이나 하셔 할배. 이번엔 내가 확실히 이겨서 할배 코를 납작하게 해줄 테야."

"아이고 무서워라! 언제든지 덤벼라."

"좋아, 이제는 정말 안 봐줘."

인자한 목소리와 개구쟁이 목소리가 한창 실랑이를 벌일 때였어요. 그때까지 한창 책에 빠져 있던 한결이가 갑자기 고개를 들더니 벌떡 자리에서 일어났어요.

"뭐지? 어디서 얘기하는 소리가 들렸는데……."

한결이가 귀를 기울였지만, 서재에서는 아무 소리도 들리지 않았어요.

"내가 잘 못 들었나?"

한결이는 고개를 갸웃거리며 다시 코를 박고 책 읽기에 집중했어요.

"후유, 하마터면 들킬 뻔했네."

"이게 다 할배 목소리가 너무 크기 때문이야."

두 목소리는 한동안 속삭이다가 곧 조용해졌어요. 한결이가 책을 읽고 있는 예쁜 모습을 보느라 할아버지와 책도깨비 다온이는 싸울 겨를이 없었기 때문이에요.

"내 손주 정말 이쁘다, 그치?"

"내 친구라니까……, 할배."

"내기 할까?"

"내기 좋지!"

할아버지와 다온이는 서로를 바라보며 씩 웃었어요. 그리고 두 사람 모두 반달 같은 미소를 지으며 한결이의 책 읽는 모습을 조용히 지켜보고 있었답니다.

초판 발행 2023년 10월 10일
초판 인쇄 2023년 9월 18일

글 이기규 | **그림** 김창호

펴낸이 정태선
펴낸곳 파란정원
출판등록 제395-2010-000070호
주소 서울특별시 은평구 가좌로 175, 5층
전화 02-6925-1628 | **팩스** 02-723-1629
제조국 대한민국 | **사용연령** 8세 이상 어린이
홈페이지 www.bluegarden.kr | **전자우편** eatingbooks@naver.com
종이 다올페이퍼 | **인쇄** 조일문화인쇄사

글ⓒ2023 이기규 | 그림ⓒ2023 김창호
*국어사전에 쓰인 단어의 뜻은 국립국어원 표준국어사전에서 가져왔습니다.

ISBN 979-11-5868-272-9 73810

이 책은 저작권법에 따라 보호받는 저작물이므로 무단 전재와 무단 복제를 금지하며,
이 책 내용의 전부 또는 일부를 이용하려면 반드시 저작권자와 파란정원(자매사 책먹는아이·새를기다리는숲)의 동의를 얻어야 합니다.
*잘못된 책은 구입하신 서점에서 바꿔 드립니다.

단어의 뜻은 국립국어원 표준국어사전에서 가져왔습니다.

갑자기

뜻 미처 생각할 겨를도 없이 급히.

비 급작스레, 난데없이, 불현듯

예문 맑은 하늘에 갑자기 소나기가 쏟아졌다.

개의

뜻 어떤 일 따위를 마음에 두고 생각하거나 신경을 씀.

비 걱정

예문 네 말에 개의치 않을 거야.

개편

뜻 조직 따위를 고쳐 편성함.

비 개조, 재편

예문 내가 좋아하는 예능 프로그램이 개편되면서 출연자가 바뀌었어.

건투

뜻 의지를 굽히지 않고 씩씩하게 잘 싸움.

틀리기 쉬운 말 권투 : 글러브를 끼고 하는 운동 경기

예문 올림픽에서 우린 선수들의 건투를 빕니다.

고지식하다

뜻 성질이 외곬으로 곧아 융통성이 없다.

비 곧다, 답답하다 반 유연하다

예문 고지식한 성격 때문에 목표를 세우면 그것만 보고 달린다.

글피

뜻 모레의 다음 날.

알아 두기 그제 → 어제 → 오늘 → 내일 → 모레 → 글피

예문 글피 친구들과 모여 생일 파티를 한다.

금세

뜻 지금 바로. '금시에'가 줄어든 말로 구어체에서 많이 사용된다.

비 금방, 바야흐로

예문 우린 싸웠다가도 금세 풀려 다시 깔깔거린다.

금일

뜻 지금 지나가고 있는 이날.

비 오늘

예문 금일 휴업! 개인 사정으로 쉽니다.

낚다

뜻 ❶ 낚시로 물고기를 잡다.   비 잡다, 낚시하다

예문 물고기를 낚을 때는 조용히 기다릴 줄 알아야 한다.

❷ 꾀나 수단을 부려 사람을 꾀거나 명예, 이익 따위를 제 것으로 하다.   비 꾀다, 유혹하다

다달이

뜻 달마다.   비 매월, 매달

알아 두기 나날이 : 매일매일

예문 나는 다달이 용돈을 받는다.

닦달하다

뜻 남을 단단히 윽박질러서 혼을 내다.

비 나무라다

예문 어지럽혀진 방을 청소하라며 엄마께서 나를 닦달하셨다.

대관절

뜻 여러 말 할 것 없이 요점만 말하건대.

비 도대체(대체), 요컨대

예문 대관절 무슨 일이야? 어서 말해 보라고!

덮밥

뜻 반찬이 될 만한 요리를 밥 위에 얹어 먹는 음식을 통틀어 이르는 말.

알아 두기 덮다 : 물건 따위가 드러나거나 보이지 않도록 넓은 천 따위를 얹어서 씌우다.

예문 오늘 급식은 돈가스 덮밥이래. 신난다!

들르다

뜻 지나는 길에 잠깐 들어가 머무르다.

비 거치다, 들여다보다

예문 엄마 심부름으로 가게에 들러서 두부를 사가야 해.

맞히다

뜻 문제에 대한 답을 틀리지 않게 하다.

반 틀리다

예문 수학 시험에서 문제를 모두 맞혔어.

며칠

뜻 ❶ 그달의 몇째 되는 날
예문 오늘이 며칠이라고 했지?

❷ 몇 날
예문 이곳에 온 지 며칠이나 되었나?

모둠

뜻 초·중등학교에서, 효율적인 학습을 위하여 학생들을 작은 규모로 묶은 모임.

비 그룹

예문 사회 시간에 모둠별로 우리 동네를 조사해 발표하기로 했다.

목걸이

뜻 목에 거는 물건을 통틀어 이르는 말.

틀리기 쉬운 말 목거리 : 목이 붓고 아픈 병

예문 진주 목걸이는 우아한 아름다움이 있다.

무료하다

뜻 흥미 있는 일이 없어 심심하고 지루하다.

비 심심하다, 재미없다

예문 주말에 혼자 집에 있으려니 무료해져 자꾸 잠이 온다.

바람(바라다)

뜻 어떤 일이 이루어지기를 기다리는 간절한 마음.

알아 두기 바라다 : 생각이나 바람대로 이루어지거나 그렇게 되었으면 하고 생각하다.

예문 나의 바람을 간절히 달님에게 빌었다.

배 속

뜻 배의 안쪽 부분.

틀리기 쉬운 말 뱃속 : '마음'을 속되게 이르는 말.

예문 점심을 먹고부터 배 속이 부글거려서 화장실을 들락거렸다.

사흘

뜻 세 날.

알아 두기 하루 → 이틀 → 사흘 → 나흘 → 닷새 → 엿새 → 이레 → 여드레 → 아흐레 → 열흘

예문 사흘은 3일을 나흘은 4일을 말해요.

심심하다

뜻 ❶ 하는 일이 없어 지루하고 재미가 없다.
  비 따분하다, 지루하다

  ❷ 마음의 표현 정도가 매우 깊고 간절하다.
  비 깊다, 간절하다, 뼈저리다
예문 이번 사건과 관련하여 심심한 사과의 말씀을 전합니다.

  ❸ 음식 맛이 조금 싱겁다.
  비 담백하다, 밋밋하다

안팎

뜻 사물이나 영역의 안과 밖.

  비 내외

예문 부지런한 사람은 집 안팎 어디서나 항상 바쁘다.

어이없다

뜻 일이 너무 뜻밖이어서 기가 막히는 듯하다.

비 어처구니없다, 기막히다

예문 앞에서는 친한 척 살살거리더니 뒤에서는 날 욕해? 정말 어이없다.

오뉴월

뜻 ❶ 오월과 유월. 또는 오월이나 유월
 ❷ 음력 오월과 유월이라는 뜻으로, 여름 한철을 이르는 말.

예문 오뉴월 감기는 개도 아니 걸린다.

요새

뜻 이제까지의 매우 짧은 동안. '요사이'의 준말.
  비 근간, 요즘
예문 어디 다녀왔니? 요새 얼굴을 못 보겠더라.

이따가

뜻 조금 지난 뒤에
  비 이따
예문 선생님께서 이따가 잠시 보고 가라고 하셨어.

젓

뜻 생선이나, 조개·생선의 알·창자 따위를 소금에 짜게 절이어 삭힌 음식.

틀리기 쉬운 말 젖 : 새끼를 낳은 포유류에게서 나오는 우유. 새끼의 먹이.

예문 젓갈을 젓가락으로 흰밥 위에 올려 먹으면 맛있다.

찌개

뜻 뚝배기나 작은 냄비에 국물을 바특하게 잡아 고기·채소·두부 따위를 넣고, 갖은양념을 하여 끓인 반찬.

예문 오늘 저녁엔 내가 좋아하는 참치김치찌개 먹고 싶어요!

켕기다

뜻 마음속으로 겁이 나고 탈이 날까 불안해하다.
비 찔리다
예문 괜스레 마음이 켕겨서는 안절부절하지못했다.

통째

뜻 나누지 아니한 덩어리 전부.
예문 삼계탕은 어린 햇닭을 통째로 삶아서 만든다.